That Happy Face

Poems from the unseen side of a smiling face

Khushboo Gupta

BookLeaf
Publishing

India | USA | UK

Dedication

For everyone who smiles through the storm —
may you always find light strong enough to keep that
happy face glowing :)

Preface

There was always a girl with a happy face — sometimes real, sometimes rehearsed.
Through growing years, changing friendships, heartbreaks, and healing, I often found myself hiding behind that smile, only to realize one day that it was my way of surviving — and sometimes, of dreaming.

That Happy Face is a collection of my poems written over the years — some scribbled in school notebooks, some typed in the silence of sleepless nights, and some born out of moments I never spoke about, but always imagined differently.

Each poem is a reflection of who I was at that time — the little girl who dreamed of a kinder world, the young woman who questioned how life should be like, and the woman I am today — still learning to find joy in imperfection, and still believing in the magic of what could be.

These words are my journey — from innocence to awareness, from hurt to healing, from pretending to truly being that happy face, and from wishing for stories to unfold differently, to finally writing my own.

If any line makes you pause, smile, or feel a little less alone — then this book has done its job.

— Khushboo Gupta

Acknowledgements

Every word in this book carries a whisper of gratitude.
To my family, whose love has been the quiet strength
behind every line;
to my friends, whose laughter and presence have colored
the grayest days;
to every fleeting moment of joy, heartache, and reflection
that breathed life into these poems — thank you.

This collection would not exist without the souls who
held my hand, the experiences that shaped me, and the
little sparks of inspiration that appeared when I needed
them most.
For reminding me that even behind a happy face, there is
a story yearning to be told.

1. वो बोलती बहुत है, साझा कम करती है ।

वो बोलती बहुत है,
साझा कम करती है।
वो हसती बहुत है,
मेरी सज़ा कम करती है ।

वो रूठती भी बहुत है,
माना कम करती है।
चाहे उसे पसंद हो या ना हो,
वो मेरी पसंद को मना कम करती है।

यू तो वो टकराती बहुत है,
यू तो वो हमसे टकराती बहुत है,
हारना पसंद कम करती है।
नहीं पसंद तो नहीं ही पसंद,
वो बाहाना कम करती है।

वो मज़बूत बहुत है,
दिखावा ज़रा कम करती है।
वो मासूम बहुत है,

दगा ज़रा कम करती है।

वो हसती बहुत है,
लडा कम करती है।
वो प्यार करती बहुत है,
बयाँ ज़रा कम करती है।

वो अकडती बहुत है,
शर्माया कम करती है।
उसमे साहस भी बहुत है,
नम्रता से सामना करती है।

तुम्हें पता है ना ? वो बोलती बहुत है,
साझा कम करती है।
मुझे पता है कि वो प्यार करती बहुत है,
बयाँ ज़रा कम करती है ।।

2. तुम ही सफ़र हो मेरे।

ख़ाली गलियों में भटक रही थी मैं,
समझे-बूझे रास्तों में अटक रही थी मैं।
राहें नहीं दिखती थीं, थे वहाँ सिर्फ़ अँधेरे,
मालूम ना था कि तुम हो, असली सफ़र मेरे।

मंज़िलों की चाह थी,
मंज़िलें भी आगाह थीं।
भटके हम ना थे रस्ते से,
मंज़िल ने ही बदली अपनी राह थी।

पता था मंज़िल को,
मंज़िल मिलते ही, ख़त्म हो जाता है सफ़र,
बनते नहीं वहाँ बसेरे।
तभी तो मंज़िल ना मिली हमें, और तुम बन गए सफ़र मेरे।

मेरी राहों में एक मीठा शोर घोल दिया तुमने,
दीया बन के मिटा दिए सब अँधेरे।
आज मुझे ग़म नहीं कि मंज़िल ना मिली हमें,
मुझे फ़क्र है बने तुम सफ़र मेरे।

अनचाही राह थी जो, मनमानी चाह बना दिया तुमने।
नासमझ, लापरवाह थी जो, बेगुनाह बना दिया तुमने।
सोचा ना था, मंज़िलों के बिना भी, इतने हसीन होंगे ये सवेरे,
इसलिए अब तुम्हारे संग इस सफ़र में ही, मैंने डाले हैं डेरे।

दुआ करती हूँ रोज़, कि मंज़िलें कभी ना पाऊँ,
इसी डर से कि कहीं तुमसे जुदा हो ना जाऊँ।
ज़िंदगी भर नहीं, ज़िंदगी बन के साथ हूँ मैं तेरे,
इसलिए बोलती हूँ, हमसफ़र नहीं हो तुम,
तुम ही सफ़र हो मेरे।

3. Will you marry me?

The view of clouds over the mountains,
The view of a rainbow before it rains.
Picture it as rosy as it can be;
Picture it when he asked, "Will you marry me?"

The words that every girl wants to hear...
But "Hey! What am I made of?"
He already got the answer through my eyes and had the
courage to ask me,
"Tell me, what are you afraid of?"

How to tell the person I love the most
That I am afraid of this very question he asked?
How to tell my one and only
That I am afraid to be his at last.

Maybe he thinks the scary part for me is thinking
In the future we might get separated.
But the reason to worry is actually that we might hate
everything in the future that we just now celebrated.

I am not afraid of what we are today,
But what we will be tomorrow.
I am afraid of living a life that might
Reside grief and sorrow.

I am not afraid that we will be together forever;
I am afraid of providing you the feel that you are stuck
in this forever.

I am not afraid of the "I will vanish your problems and
happiness is shared" trade-off.
But that one day all your problems would be starting
from me—that is what I am afraid of.

What about the cute fights we had if we used to leave
any of each other's texts on 'seen'?
What if there will be fights which might be much bitter,
much mean?

That doesn't mean I don't love you or might not love you
then,
But the love we do now will change its meaning in a
year, 5, or 10.

We will be with each other
24/7.

6

We won't have cute hideaways from parents
post eleven.

It will be all husband and wife,
not me and you.
I am afraid of how I will be able to
pull it through.

That doesn't mean that I want to hurt you by saying no,
But that does seem like hurting you for the long term, if I
don't do it so.

My talks rambled and rambled, gave no answer, my eyes
so confused...
That's when his hands untangled my thoughts,
Saying, "Your brain is too little to process it all, so don't
overuse!"

"Listen, my Queen,
You can still leave my message on 'seen'.
And fights are a part of a healthy relationship,
So, we should have our greens."

"Neither do we separate,
Nor will we forget to celebrate.
How about a life , Where we will be like the ones we
were

when we started to date?"

"We might be together forever,
I would never want to get free from this, never.
And yes, you said the truth—the love I do today
Will change, it will grow more and more, and more than
ever."

"And don't you feel butterflies with all the husband and
wife things?
Don't worry, we will be in this together,
Will pull it through, eating hot chicken wings!"

"This might sound as cliché as ever,
But that's what I promise to forever be.
So, if you are convinced..."
I said, "Will you please marry me?"

4. लड़ना बस उस ख्याल से है।

लड़ना तुम्हें कल से नहीं है,
ना लड़ना तुम्हें अपने भूतकाल से है।
लड़ना तुम्हें खुद से नहीं,
लड़ना बस उस ख्याल से है।

वो ख्याल जो कहे,
तुम काबिल नहीं किसी चीज़ के।
वो ख्याल जो कहे,
तुम वजह हो हर ग़लत चीज़ के।

वो ख्याल तुम्हें अंदर तक खाएगा,
वो ख्याल तुम्हारा सारा चैन ले जाएगा,
तुम्हें लड़ना उस मायाजाल से नहीं,
तुम्हें बस लड़ना उस ख्याल से है।

तुम्हारी ज़िंदगी एक ख्याल सी नहीं,
जो महज़ कुछ मिनटों की मेहमान हो,
तुम्हारी ज़िंदगी वो कहानी है,
जिसका ज़िंदगी भर गुणगान हो।

भले ही तुम कुछ ना करो,
भले ही तुम कुछ देर ना चलो,
उस ख्याल कि हार तुम्हारी खुद कि देख भाल से है।
क्योंकि लड़ना तुम्हें खुद से नहीं,
लड़ना बस उस एक ख्याल से है।

वो ख्याल तुम्हें अंदर से जंघोर जाएगा,
बस तुम एक रात ठहर जाना! बस एक रात ठहर जाना,
नया सवेरा ज़रूर आएगा,
ये अंधेरा भी छट जाएगा।

बस तुम कुछ देर ठहर जाना,
मुश्किल सफर होगा शायद कुछ घंटों का,
जब वो एक ख्याल तुम पर हावी होगा,
तुम उस ख्याल से पार नहीं जा पाओगे
वो ख्याल इतना विशाल होगा।

पर उस समय बस तुम ठहर जाना,
बस तुम ठहर जाना,
तुम्हें उस समय लड़ना नहीं,
बस ख्याल से बातचीत करनी है,
बस कुछ देर ठहर जाना।

कोई एक शख्स, तुम्हारी मां के आंसुओं से बड़ा है क्या?
कोई एक हार, तुम्हारे पिता कि सांसों से बड़ी है क्या?
कोई एक ख्याल, तुम्हारे दोस्तों से निजी है क्या?
कुछ दिन कि रात, तुम्हारी ज़िंदगी से बड़ी है क्या?

मौत कोई रास्ता नहीं है,
उसका तुम्हारी ज़िंदगी से कोई वास्ता नहीं है।
लड़ना तुम्हें इस दो पल के मलाल से नहीं,
लड़ना बस उस एक ख्याल से है।

तुम्हारी ज़िंदगी से ज़िंदगियां जुड़ी हैं,
एक बार उनके बारे में सोचना ज़रूर,
जिन्होंने तुम्हारे बचपन से ही तुमपर
बिना बात किया इतना गुरूर।

एक दिन बाद बात करना तुम उनसे,
बताना तुम्हारा हाल कैसा हाल सा है।
देखना कैसे गले लग लेंगे वो,
तुम्हारे ख्याल के लिए वो चंद पलों की बात
एक काल सा है।
क्योंकि लड़ना तुम्हें तुम्हारी ज़िंदगी से नहीं,
लड़ना तुम्हें बस उस एक ख्याल से है।

आज वादा करो तुम,
अपने ज़िंदगी देने वालों को,
कि ज़िंदगी में ज़िंदगी जियोगे,
नाकि लड़ोगे खुद से,
या अपनी ज़िंदगी से...
लड़ोगे तो बस उस एक ख्याल से।

क्योंकि लड़ाई यहां तुम्हारी

तुमसे नहीं,
ना तुम्हारी ज़िंदगी से है।
लड़ना तुम्हें बस उस एक ख्याल से है।

5. आसान है क्या?

आसान है क्या?
इन ऊँचाइयों तक पहुँचना।
उस शख़्स ने उस दिन यूँही पूछा था ये सवाल,
पर आज, चलो शुरू करता हूँ मैं सोचना।

हाँ, था तो आसान,
ग़रीबी के बिछौने पर सोना,
और उस छुपन-छुपाई खेलने की उम्र में,
अपने अच्छे कल के सपने खोजना।

हाँ, था तो आसान,
जब माँ ने स्कूल जाते हुए,
पाँच पैसे दिए कि महीने भर टॉफ़ी इससे ही खाना।
बचपन में भी मैंने माँ का कहना था माना।

हाँ, आसान तो था वो पल,
जब पास होने पर सबने लड्डू बाँटे,
और हम उस समय भी
टीचर की शाबाशी लेके चले इतराते।

क़ीमत तो चुकाई थी हमने भी,
भले ही पैसों से नहीं।
कुछ संपन्न दोस्त ग़रीबी को दान कर दिए,
कुछ सच्चे दोस्त ख़रीद लिए।

हाँ, थोड़ी मुश्किल हुई,
जब कॉलेज की मस्ती में हम भाग न ले पाए,
क्यूँकी घर जाके माँ पूछती थी,
"बेटा, आज कितने पैसे कमाऐ?"

करी थी नौकरी और पढ़ाई
दोनों साथ-साथ,
और तुमने कितनी आसानी से कह दिया,
कि तुम्हारे लिए आसान रही होगी ये बात।

कुछ इस तरह होड़ लगी थी,
इन ऊँचाइयों की जिन पर आज खड़ा हूँ।
कि आज ऊँचाइयाँ भी नीची लगती हैं,
इतना मिट्टी में बँधा हूँ।

ना मिला बचपना,
ना परिवार का सुख,
और आज लोग बातें करते हैं,
कि इसने कहाँ ही देखा होगा कोई दु:ख।

ठंडी हवाएँ ले रहे थे सब,
उसने उस वक़्त आग में तपाया है।

ऐ खुदा, आज समझ आया सोना
यूँही नहीं निखर के आया है।

मेहनत करी थी,
तपे थे हम दिन-रात,
पर आज किसी शख़्स ने पूछा,
इतनी ऊँचाइयों पर पहुँचे हो,
क्या आसान थी ये बात?

6. Yes You !

I thought maybe one day,
reality and dreams will be
the same thing,
That day, I didn't know,
that within a day or few,
I will be with you!

I remember the day when I cried,
"I'm afraid of falling" loudly to you,
But you just smiled and said,
"Don't worry, I'm here to catch you."

Have I told you yet,
How much you mean to me?
Have I told you yet?
About the happiness you bring!

Have I told you yet?
that you mean the world to me!
Well, I know, I haven't...

But I want you to know that
You are the best thing
that's ever happened to me!

You are that sun that shines bright throughout my day.
The gravity that holds me
in every way.
You are the moon that
Shimmer all night.
You are all my stars
that glimmer bit bright.

You are the oxygen that keeps me alive,
I hear your heart
Beating inside.

You are that song that
the morning bird sings,
and you are almost
my everything!

When you are with me,
I can solve all problems even without a clue!
I'm not afraid of fighting
dragons with you.

Whenever I see you

I just smile
with you I can walk
a thousand mile.

I promise to be your strength,
whenever you fall weak.
I promise to be your voice,
when you can't find words to speak.

And yes, my dear Buddu,
I do love your eyes!
They are the reason,
why I get the butterflies.

At least I would just say that,
I love you!
In which 'I' is me,
and 'love' is you...

7. अगर वो तू ना हुआ तो?

कल रात,
ख़ुद से हुई एक बात—
क्या हो,
अगर वो तू ना हुआ तो?

वो ही, जिसके साथ जीवन बिताने का सोचा है,
वो ही, जिसके साथ जीवन भर हाथ बँटाने का सोचा है,
क्या हो कल को,
अगर वो तू ना हुआ तो?

वजह चाहे जो भी हो,
वो इंसान चाहे जो भी हो,
कारण चाहे जो हो,
पर क्या हो,
अगर वो तू ना हुआ तो?

ज़िंदगी रुकेगी नाहीं...
धड़कन थमेगी नाहीं...
शायद किसी को मुझसे प्यार भी हो,
पर क्या हो, अगर वो तू ना हुआ तो?

क्या वो दिन याद दिला पाऊँगी मैं उसे,
जो इतने साल लगातार याद रखे थे हमने ।
क्या पता किसी के लिए वो दिन ज़रूरी भी हो,
पर अगर वो तू ना हुआ तो?

कोशिशों से बातें साझा करूँगी मैं,
कुछ दिन ज़्यादा, तो शायद कुछ दिन कम डरूँगी मैं,
पर आस होगी कि जवाब तेरे जैसे जो,
पर क्या होगा मेरा,
अगर वो तू ना हुआ तो?

शायद उसे भी मेरे खुले बाल,
बंधे बालों से ज़्यादा पसंद हों,
क्या फ़ायदा!
अगर वो तू ना हुआ तो?

वो वादे, इरादे और सपने,
वही जो देखे थे तेरे साथ,
पूरे होंगे उसके साथ...
क्या पता उसके सपने वो ना भी हों,
क्यूँकि वो तू ना हुआ तो?

शायद कल जो मेरे लिए जो तोहफ़ा लाएगा,
मेरी आँख बंद करके, मेरा मन तुमको ही बुलाएगा,
पर आँखें खुलेंगी तो क्या सह पाएँगी वो,
सामने तू ना हुआ तो?

मेरा पूरा दिन, मेरा हिस्सा है तू,
मेरी कहानी है आज, ना ही किस्सा है तू,
क्या पता सब है आज तू मेरे लिए जो,
अगर वो कल तू ना हुआ तो?

आधी रात को,
ख़ुद से बात करके पता चला
मन का डर, आज तक छुपा था जो—
कि क्या हो,
अगर वो तू ना हुआ तो?

8. रोए वो भी थे उस दिन।

सुना है तुम उदास हो?
शायद ज़्यादा ही हो...
दिल टूटा है? या बस टूट गई हो?
जो भी हो...
हार तो मान गई हो!

याद है पहला दिन स्कूल का?
रोते-रोते ही सही तुम स्कूल गई थी, लेकिन!
बाहर तुम्हारी चिंता में पूरे दिन रोड पर खड़े थे वो,
तुमसे बस चंद घंटों के लिए बिछड़ के
रोए वो भी थे उस दिन...

तुम्हें जब पूरी मेहनत के बाद भी स्कूल मे,
शाबाशी नहीं मिली थी कुछ नंबर और तोहफ़ों से,
नाराज़गी में ना बात की थी तुमने किसी से,
ना पहनी थी अपनी पसंदीदा चमकीली पिन।
तुम्हें पता है? रोए वो भी थे उस दिन!

पर कभी गिरने ना दिया तुम्हें,
हमेशा अपनी कामयाबी

तुम्हारे कदमों में रखी थी।
और तुम्हें लगा रोए अकेले तुम ही?

परसों की ही तो बात है,
रात भर जो तकियों में, चादर में,
आँसू छुपाए थे मेहनत से...
भूल गए तुम? माँ ने सुबह बिस्तर ठीक किया था, लेकिन
पर तुम्हे क्या पता, रोए वो भी थे उस दिन...

ग़ुस्से में ना जाने क्या उल्टा-सीधा
बोला था तुमने उन्हें,
भूल समझ के माफ़ भी कर दिया उसी दिन।
तुम नहीं थे जब घर पर , रोए थे वो उस दिन!

तुम्हें हँसाते हैं वो उनकी खामियों पर,
और तुम नाकामयाबियाँ लेते हो गिन।
तुम्हारे एक-एक ख़ुशी के आँसू के लिए
रोए हैं वो हर एक दिन...

तुम्हारे एक आँसू से जाती है
उनकी सारी खुशियाँ छिन...
और तुम्हें लगा
रोए बस तुम ही हो हर दिन?

तुम्हारी शोहरत से उन्हें कभी नफ़रत ना होगी,
ना तुम्हारे नाम से उनका कोई काम है।

बस लेना चाहते है वो तुम्हारे आंसुओ को छीन,
नहीं देख सकते तुम्हें रोते हुए वो एक भी दिन।

9. The New Man

So, another day,
I met a new man !
We were under same shelter,
As it began to rain.

Though he had the umbrella,
But he changed his plan!
He said he will be under the shelter,
As long as i can...

He seemed all new,
Like my old dream man....
Taller and subtle,
My real dream man !

Rain changing its pace,
We trying to ignore eachother's face,
Lets see who lose this
As I Almost won the race.

Finally he lost!
Turned to me and smiled,
Don't know what really happend to me,
But I felt as soft as a child !

Sound of rain,
Trying to overpower the new bonding in frame,
And we trying to overpower,
The thoughts in our brain...

We both were getting late ,
But let it be
It took him 3 water spashes to make me realize,
My smile was all he really wanted to see...

Rain in it's full force,
Me in the due course,
Noting down his likes-dislikes ,
And his dream of getting a new porch !

Slowly the rain became quite!
As the sun shined a little bright !
And in almost no time,
His bus arrived!

He took the bus !
In a rush!

And I shouted the thought that just came,
"Heyyy!! Stopp, I need to ask youu...
(I need to ask you , Your NAME.")

But it was too late...
And the regret began.
I forgot to ask the name,
The name of my dream man !

Coming back home...
Siezed by the thoughts of the evening.
Losing the precious stone,
After fully achieving !

And slowly the day passed by,
And slowly there appeared a clear sky!
And face of his ,
Faded frm my eye !

Sunny mornings ,
And swallows fly !
Chirping sparrows ,
Saying rainy season a goodbye...

New season new plans,
So the other day I met a new man !
We were under same shelter,

As it was too sunny that it began to tan !

He seemed all new,
Like my old dream man...
I had an umbrella,
But I changed my plans !

10. शायद मेरी नज़र लगी है।

बड़ा गुरूर था मुझे हम पर,
शायद मेरी ही नज़र लगी है।
बड़ा सुरूर था तेरा मुझ पर,
शायद लोगों को अब खबर पड़ी है।

शायद मेरी बातों को तुम आजकल समझ नहीं पा रहे,
या मेरी बातों के मायने कई हैं?
शायद अब हम में एक-सा कुछ नहीं,
अब सब आईने हटे हैं...।

कल तक तो मेरे शब्द तुम्हारे होंठों से निकलते थे,
आज तुम्हारे ज़ेहन से निकल रहे हैं।
कल तक तो मेरी हर ज़िद की तुमने कद्र की थी,
छोड़ो, शायद मेरी ही नज़र लगी है।

लगता है ये हमारा प्यार ही है जो कुछ कर गया है,
प्यार-प्यार के चक्कर में, शायद तुम्हारा मन भर गया है।

पिछले कुछ दिनों ने आने वाला कल दिखा दिया है,
चिंता मत करो, वक्त ने सब सिखा दिया है।

पहले तो मुझे मनाकर ही दम लेते थे,
आज "अगर/मगर" लगी है।
कल तक हर क्षण इज़हार किया करते थे,
पर छोडो! शायद मेरी ही नज़र लगी है।

11. कुछ ख़त्म होना बाकी है?

आज की मुलाक़ात,
कुछ अधूरी सी लगी मुझे।
इतने करीब थे हम,
फिर भी दूरी सी लगी मुझे।

कह भी ना पाई आज मैं,
पर तुम्हें ज़रूर एहसास हुआ होगा।
हिचकिचा रहे थे शब्द हमारे,
पर हमारे प्यार ने ज़रूर प्रयास करा होगा।

लगा कि जैसे कोई और ही हो तुम,
जैसे कहीं और ही हो गुम।
जब-जब आज का दिन याद कर रही हूँ,
ना जाने क्यूँ हो रही हूँ मैं गुमसुम।

साथ रहते हैं हम,
खाते, सोते हैं हम।
दिन भर की बात क्या ही करें,
इतना पास होते हैं हम।

क्या नज़दीकियाँ कुछ ज़्यादा ही हो गईं हैं?
क्या घुटती है तुम्हारी साँस?
मुझे लगता है इतने करीब आ गए हैं हम,
कि शायद रही ही नहीं अब कोई आस।

दूरियाँ आ गईं हैं क्या,
या बस दूरी आना बाकी है?
बिछड़ चुके हैं हम,
या बस बिछड़ना ही बाकी है?

शायद रिश्ते को जोड़ के रखना नहीं आता हमें,
क्यूँकी जुड़े तो हम अपने आप थे ना।
शायद रिश्ते को तोड़ा भी नहीं है हमने,
क्यूँकी टूट तो अपने आप ही रहे हैं ना।

सोचा था कुछ दिन लगेंगे महसूस होने में,
ये जो सब अचानक हो रहा है।
सोचा था कुछ दिन लगेंगे मायूस होने में,
ये जो सब महसूस ही नहीं हो रहा है।

क्या सब ख़त्म हो गया,
या कुछ ख़त्म होना बाकी है?
क्या ज़ख़्म मिल गया,
या ज़ख़्मी होना बाकी है?

क्या हमारे वादों में शामिल सब प्रयत्न हो गए,
या प्रयत्न होना बाकी है?

क्या हमारे बीच सब बातें हो गईं,
या कुछ बातों का ख़त्म होना बाकी है?

12. With me !

Everyone says I look so happy,
like the morning bird on a tree.
I said this happens occasionally,
Only when you are with me.

Everyone says that it's a lie,
I smile even when you are not around.
I said that's only because
You are with me always in my mind all day long.

Everyone says, "Don't get too attached.You'll end up
being nothing."
I said if nothing lasts forever,
Let me and you be that nothing.

Everyone said, "You are mad,
You will regret it later."
But I said there is no need
to regret things that make you feel special and better.

Everyone says I'm not aware
of the harsh conditions of Earth.
I say that's okay, Mars has life too,
But till then, this place has enough space for us two.

Everyone says he is not important,
"You can live without him too."
I said yes, I can, but only if you
can promise me the same for your breath, too.

After hearing this, they said,
"So you think he'll stay and never leave?"
I said "Yes," because I trust him, and he too believes.

They said, "If you both achieve success,
we will do anything you say."
I said he already is already doing each and everything
that you just said.

They said, "It's not love;
we think it's more than that,"
I said, "It's something your
small mind can never get."

They said, "Sorry, your love is true."
Then, took silence away from me.

35

But someone who was there, it was
You with me...

13. मैं भी चाहती थी।

मैं भी चाहती थी,
कि थोड़ा प्यार-व्यार तो मुझे भी हो,
मैं भी चाहती थी,
कि कोई तो मुझे कहे कि, "तुम मेरी दुनिया हो।"

मैं भी चाहती थी,
कि दिन भर की बातें रात भर ख़त्म ना हों,
मैं भी चाहती थी,
कि मुझे भी वो एहसास हो।

वो हर दिन कुछ नया ना करे भले ही,
पर हर दिन वही पुराना प्यार बना रहे।
मुझसे छोटी-छोटी बातों पर लड़े भले ही,
पर प्यार हमेशा बना रहे।

तोहफ़े, तारीफ़ें ना हों तो भी चलेगा,
पर रिश्ता दूर तक चले।
मेरी हर ख़्वाहिश पूरी ना भी हो तो भी चलेगा,
बस वो मेरा हाथ थाम कर चले।

तूफ़ान, आँधियों से वो ना भी लड़े तो ठीक है,
पर बारिशों में बस थोड़ा मेरे साथ नाच ले।
दिन में भले ही वो सबके साथ ख़ुशियाँ मनाए,
पर रातों में बस हम अपना ग़म मुझसे बाँट ले।

दूरियों से तकलीफ़ नहीं है मुझे,
बस नज़दीकियाँ बनी रहें हमारे दिलों की।
तुम पूरी दुनिया में से मुझे चुनो हमेशा,
मैं कुछ ऐसा चाहती थी।

तुम्हारी हर चाह पूरी हो,
मैं ये भी चाहती थी,
पर कभी किसी दिन...
तुम भी चाहो मुझे,
मैं बस इतना चाहती थी...

14. प्यार से तकरार

यूं तो वो आम सुबह कुछ खास नहीं थी,
कुछ डर तो था,
पर ये आस नहीं थी।

तपते रेगिस्तान के बंजारे से तो थे हम,
मालूम है! लेकिन न जाने क्यों उस पहर,
गला सूख रहा था पर प्यास नहीं थी।

वो हर रोज़ की तरह खिड़की से झाँक रहे थे,
मेरी मुस्कान उनके दिल के बंद दरवाज़े भांप रहे थे।
यूं तो हर रोज़ की इस खामोश गुफ्तगू से हम बहुत परेशान थे,
पर लफ्ज़ ज़ुबां पर आने से पहले ही हिचकिचा और कांप रहे थे।

उन्होंने जो हाल पूछा हमारा कुछ देर रुकने के बाद,
बातें आगे बढ़ाई, हुई कहानी शुरू,
दिल रहा था झूम कुछ देर रुकने के बाद।

यही होता है न दोस्तों, हर प्रेम कथा का हसीन हिस्सा,
सबका शायद न मिले जुले,
मैं बताती हूँ मेरा किस्सा।

हमें मालूम था,
उनका दिल मासूम था,
इकरार हो जाएगा!
खुद लिखी किस्मत भी न बदल पाए हम,
किसे पता था उन्हें भी प्यार हो ही जाएगा।

हमने भी खाई कसमें,
किए वादे, वही प्यार वाले।
क्या पता था मौसम बदल रहे हैं,
आए मौसम थे,
वही तकरार वाले।

तुम न हमें खुश करते हो,
मजाल है कभी तुमसे इकरार हो जाए!
इतना प्यार भी कैसा?
कि प्यार से तकरार हो जाए।

शुरुआत शानदार,
अब दोनों लाचार।
तीन-चार रोज़ की बात है दोस्तौं,
हर हमसफ़र करता है फिर विचार।

विचार करने पर मैं दे रहीं हूँ ज़ोर तुम्हें,
न जाने कहाँ मिलो तुम उससे, जैसे मिले वो हमें।

वो दस पन्नों के खत प्यार के,

चंद मुट्ठी भर शब्दों में बदल गए।
वो कभी-कभी वाली मीठी-माठी सी लड़ाई, दस खत की शिकायतों में
बढ़ गए।

वो "आप", "तुम" से "तू" हो जाएगा,
वो "सिर्फ तुम्हारे लिए" से "सिर्फ तुम क्यों" हो जाएगा।
जो तुम्हें तुमसे बेहतर जानते थे,
वो एक दिन एक अनजान रूह हो जाएगा।

वो जो आँखें मिला के इकरार हो जाए,
बिना कुछ बोले इज़हार हो जाए,
उनके सब हक़ तुम्हारे,
उन पर सब हक़ तुम्हारे...
इतना भी क्या प्यार ऐ दोस्त,
कि प्यार से ही तकरार हो जाए।

वो खुशी के, हँसी के आँसू जो आते थे पहले,
वो दर्द छुपाने का पर्दा आज हो जाए।
प्यार की हर कहानी का अंजाम आज कल कुछ यही है,
पर इतना भी क्या प्यार?
कि प्यार से तकरार हो जाए।

15. The power she doesn't want

Hey, dear lady!
We take a bow!
As we entitle the superwoman
With all the powers she bestows.

With all the grace she came up,
With all the courage she lifted the cup,
With all the strength she flaunted,
The powers she never wanted.

The world making her modesty a grandeur,
Making her feel less and less secure.
The howling that makes her feel haunted,
From the powers she never wanted.

A lady runs the world on her hand,
A lady always understands.
A lady is the epitome of sacrifice,
A lady is the essence of being all nice.

"Hey lady, do you want these renowned adjectives by
your side?"
Listening to this, the lady cried...
"The woman in me is forever daunted
From these powers that I never wanted."

"When I was a girl, I was too fragile;
I never have to move an extra mile."
Until I saw the superwomen being made,
It wasn't a choice; it was their fate.

"If you ask me as a lady
Of the powers I possess,
I would tell you they gave
Us the power to oppress."

A superwoman can never rest;
She always has to do, be the best.
A superwoman can never howl her anger and cry;
However, she and her emotions are always shy.

Maybe the lady I am needs a girl to lean,
Until she becomes a woman so mean.
Maybe the Lady I am needs Man at last,
The man who has been resting since the past.

Hey, my dear gentleman!
Can you take up the charge?
Just a few miles,
Can you light up the torch and march?

But be conscious!
The woman in that lady may mistake your chivalry as
sympathy or showcase.
Hence, you have to try hard with unique ways.

The righteous superwoman in her
Wants to be nonchalant
And is longing to surrender
The superpowers she doesn't want.

16. And I saw it like a fairytale

I saw a fairytale today,
with my sister and friend.
What all non sense was that?
"A Love Story with a Happy End".

How can someone relate love
and happiness all together?
Love marks the end of happiness,
Two people in love can never be Together!

And I remember,
How my 'fairytale' started.
I remember how both of us fell
and our train departed.

Long ago,
back then.
long ago,
do you still remember when?

How stupid I was,
to think that way.
How stupid I was,
on that particular day.

How beautiful it felt,
To be near someone and think you could never be apart.
How beautiful it felt,
to steal someone's heart.

You were all I wanted for me,
and you said I'm not "The One".
Our 'love story', our 'fairytale',
Since then remained undone.

Yet in that dreamy night,
I searched my Home.
Death valley way,
looked like Paris & Rome.

But I realized,
later but soon.
It wasn't love,
It was the dark side of Moon.

You never left

a chance to attack
But I was convinced,
that You love me to the moon and back.

But afterall I'm a human,
I feel pain.
But afterall I'm just a girl,
Cant take this strain.

I never thought I would ever
breathe without You.
Until I realized,
I have to breathe without You.

I don't believe when Prince
takes all the pain.
Fairytales are all fake.
All efforts go in vain.

How stupid I was to hold on,
Seeing my love story fail.
How stupid I was,
when I saw it like a fairytale.

17. दो घर।

कल पड़ोस वाली चाची आई थी,
शादी की पहली सालगिरह की बधाई देने।
चाय पकौड़े खाते हुए,
हाल-चाल और भलाई लेने।

सवाल तो उन्होंने वही पुराना वाला किया था,
मेरे पूरे साल का मुआयना किया था।
मैंने भी वही घिसा पिटा जवाब दिया,
"मैं तो अब 2 घरों की हो गई हूँ" बता दिया !

अब मैं दोनों घर में तैयार होके जाती हूँ।
अब मैं दोनों घर में त्योहार मनाना चाहती हूँ।
बस एक घर में मेरी चाय थोड़ी कम पसंद करते हैं।
बस एक घर में मेरी चाय हर दम पसंद करते हैं।

इस दिवाली पर ही दोनों घर पर खूब पकवान बने थे।
दोनों घर मेरे प्यार में सुबह से रसोई में लगे थे।
यहाँ मुझे नए घर की रसोई में वही पुरानी खुश्बू की चाह थी
और पुराने घर की रसोई मुझे कुछ नया खिलाने की राह पर थी।

चोट लगी थी 2-3 बार मुझे, 3-4 बार बीमार पड़ी भी थी।
नए घर पर मेहमान आए थे, कैसे नए घरवालों को बता पाती।
पुराने घर पर मैं खुद मेहमान थी,
कैसे दर्द दोनों घरों में बता पाती।

बहुत पसंद था मुझे टीवी पर फिल्में देखना,
चुप तो बैठ ही नहीं सकती थी।
पर नए घर में माँ थोड़ा टीवी कम चलाती हैं,
और पुराने घर जाकर माँ के पास नींद ज़्यादा आती है।

चाय खत्म हो रही थी पड़ोस वाली चाची के बच्चे बुलाने लगे थे।
चाची बोली इतनी परेशान मत हो,
वो तेरे सगे थे, ये तेरे सगे बनेंगे।

मैं तो खुश थी या परेशान,
मुझे पता ही नहीं लग पा रहा था।
चाची बोली तुझे बस 1 साल हुआ है,
मुझे तो आज तक 1 घर का नहीं हुआ जा रहा है।

सालों की मेहनत, सालों का डर
सालों की शादी, सालों का सफ़र।
चाची बोली अब मत पड़ने दे इन बातों का खुद पर असर।
खुशनसीब है अब तो तेरे है दो-दो घर।

18. Let the Day Pass!

Storms in the morning,
Sky's screaming, "Alas!"
Heard the trees whisper,
Heard them say, "Let the day pass!"

Isn't the world trying so hard?
The greens have now turned to blue grass!
Isn't the rain going to bombard?
The light in the end saying, "Let the day pass!"

But what good happens after the day?
Have you ever heard night turning a better way?
Moon just fades and stars surpass —
Do you think it's a good idea to let the day pass?

Well, the night has calmness and silence when it arrives,
Unlike the day that wants chaos to revive.

Night is all cool,
Unlike the day when the heat harass.

No doubt why every success story
Has to listen — "Let the day pass."

Is night for pain, or is it to heal?
Is it something we can express — or can we only feel?
Whatever it is, let's sit with a wine glass,
And let's watch,
Let's watch how the day pass.

19. तू बदल गई है।

बदली-बदली सी रहती हूँ आजकल मैं।
पूछा मेरी दोस्त ने आज,
"तू वैसी नहीं, जैसी पहले थी?
सब ठीक है न, काम-काज?"

ख़ुद को ज़रा सा देखा मैंने,
हल्का सा चौंकी, फिर हँसते हुए दिया जवाब,
"पता नहीं, ऐसा तो कुछ हुआ नहीं।
चल तो रहा है सब सही हिसाब-किताब।"

घर गई तो ख़ुद को आईने में देखा मैंने।
शक्ल तो बदली नहीं थी, पर अंदर से कुछ देखा मैंने।
पुरानी तस्वीरों में चेहरे पर गुरूर था, ख़ुद के 'जैसी हूँ, वैसी हूँ' होने
का।
आईने में 'मुझे कुछ बनना है' का जुनून था।

ख़राब वो भी नहीं था।
ख़राब ये भी नहीं है।
मुझमें कुछ कम तब भी नहीं था।
मुझमें अब कुछ "मैं" बचा नहीं था।

दौड़ में लगी थी; कुछ बनने की थकान अब चेहरे पर है।
उन दिनों तो ख़ुद की अकड़ का नूर था।
बदल तो गई थी थोड़ी,
पर अच्छे के लिए या नहीं, ये समझ नहीं है।
सोचा था बता दूँ दोस्त को,
कि हाँ, थोड़ा बदल गई हूँ।
बट सोचा, जाने दो; वो कहाँ अब समझ पाएगी!
पहले जैसी कहाँ रही वो, अब वो बदल गई है।

20. कल चली गई तो मैं?

ऐसे ही सो जाया करते थे तुम पहले,
मुझे चैन से सुलाने के बाद।
आजकल वैसे ही सो जाया करते हो तुम,
मुझे रुलाने के बाद।
परसों की ही तो बात लगती है,
मेरे रूठने पर घर आ गए थे अपनी गाड़ी लेकर।
परसों हुई लड़ाई का कुछ याद है?
शायद हाथ में चाबियाँ थीं उस गाड़ी की जो मारी थी देकर।
कुछ पल के लिए उदास होती थी तो
पूछा था तुमने, "सब सही तो है?"
आजकल बुझी-बुझी रहने पर भी ख़बर नहीं मेरी—
कल अगर चली गई तो मैं?
चली जाऊँगी तो भी शायद एक हफ़्ता कुछ
लगेगा भी नहीं तुम्हें।
पहले की बात और है जब
साथ ही रहने के थे सपने बुने।
कुछ तो हुआ है तुमको, या
कुछ हुआ तब था?
ऐसे तो ना थे तुम पहले,
जब तुम्हारी दुआ भी मैं और मुझ ही में सब था।

कल जो शख़्स हाथ चूमकर
सुबह देखता था,
कल सुबह उसी ने कभी मुँह ना दिखाने
को कहा।
कल जो दूर जाने के ख़्याल से डरता था,
कभी साथ ना छोड़ने की कसमें खाई थीं संग में!
आज हाथ छोड़ कर जाने की हिदायत दे रहा है,
कहता है, "फ़रक नहीं पड़ता अगर चली गई कल मैं!"

21. Walking Down the Memory Lane...

All clear almiras and empty rooms,
All set to move to a new home in the excitement of
bloomy gloom.

Is there something left to be packed?
Maybe only the memories of this house are left intact!

So, I started to shut everything down.
First, the almira, where I had kept my favorite annual
function gown.

Maybe it's okay, I'll be getting a whole closet now.
What's the point of being upset?
Maybe it's not about the space, but the good old days
that I cannot forget!

Moving on, I closed my room's door,
The room that would never hear me laugh, scream, or
cry my secrets out anymore...

And then I left my house somehow,
But the real pain was walking down the memory lane
now.

Isn't it the same shop? My dad used to get me my
favorite candy bars!
Uncle seems old, but I'm amazed; he still has those candy
jars...

Walking down the memory lane, I recalled the old chalk
factory. Woah, what it has been!
We used to steal chalks from there.
Oh God! What we had been!

The time passed, and I crossed a lane that still gives me
butterflies.
It is the house of my first love! I stumbled a bit, looked if
he was around, and then sighed.

Walking down the memory lane,
and encountering all this as if it is all happening again—
I smiled!
It's funny how I was feeling, but the impact wasn't so
mild!

It took 22 years of my memories to drop me at my new

home, just 27 minutes away from the old one.
But how to start afresh from here I wasn't told.

I can see some candy shops nearby, yet no factories are around.
I saw some cute boys nearby, but I think my butterflies are now homebound...

So, where to start, I questioned, as I opened the new door.
All clear almiras, all empty rooms!
All set to move in a new home with some nostalgic bloom.